Année 1888

RAPPORT

SUR

LA SITUATION DE L'INSTRUCTION PUBLIQUE A LA MARTINIQUE,

(Année scolaire 1887-1888.)

MONSIEUR LE GOUVERNEUR,

J'ai l'honneur de vous rendre compte, à la fin de l'année scolaire 1887-1888, des faits qui ont marqué la marche progressive de l'instruction publique à la Martinique. Sur la route qu'elle suit, il y a eu des jalons plantés, des travaux entrepris, des améliorations obtenues. Certains projets sont encore en élaboration; d'autres ont abouti déjà. Mais que de lacunes à combler encore, que de difficultés à résoudre, que d'obstacles à surmonter, et aussi que de vœux à formuler ! Bien que l'instruction publique, à ses trois degrés, marche avec ensemble, je dois tout d'abord adopter une division et une gradation dans mon compte rendu, autant pour la clarté générale de l'exposé que dans l'intérêt des trois enseignements dont les besoins sont divers et les desiderata distincts.

ENSEIGNEMENT PRIMAIRE.

A côté des progrès intellectuels et moraux qui priment tout à mes yeux, surgit la question importante du bien-être matériel de l'enfant et de l'instituteur à l'école. Elle mérite votre attention. Veuillez me permettre de faire, cette année, une large part à cette étude, toute secondaire qu'elle est, parce qu'il me semble que c'est là le point de départ du progrès dans l'école. Ceci garantit cela.

De plus, je ne crois pas avoir à faire ici la guerre aux livres démodés, aux méthodes surannées, ni à combattre l'esprit de routine; ce serait peine perdue dans un compte rendu qui ne s'adresse pas directement aux intéressés. Ce sera notre effort de tous les jours; ce combat sera celui de tous nos instants. C'est dans l'école même, devant l'instituteur, en face de l'enfant, que notre influence peut se faire sentir, et que nos conseils ont chance de germer et de porter des fruits.

Ici je crois avoir mieux à faire. Il y a une situation à bien établir, plus d'un mal à signaler et à guérir peut-être. Or j'ai dit plus haut que le bien-être de l'écolier est une garantie de ses progrès. En effet, donnez à l'enfant une classe claire et aérée ; ne lui marchandez ni l'air ni la lumière ; il sera tout disposé à écouter le professeur, à profiter de ses leçons et à se plaire au travail. Donner de l'attrait à la classe et à l'étude, voilà tout l'art d'enseigner. C'est à quoi nous devons tendre ; le reste vient de soi-même.

L'enfant aime l'école quand la salle offre un aspect agréable et riant ; il est avide d'y retourner quand il s'y trouve à l'aise, sans gêne, à la place qui lui est réservée au milieu de ses condisciples. Ah ! certes, ce n'est pas le luxe que je réclame pour les écoliers, mais le nécessaire, je veux dire des salles spacieuses, des tables et des bancs commodes, un matériel scolaire suffisant, des cahiers et surtout des livres à profusion. Quelle joie pour l'enfant d'avoir des livres ! C'est le livre en main qu'il devient questionneur, curieux et chercheur. Aujourd'hui les livres, même les livres de sciences, n'ont plus l'aspect austère et rébarbatif d'autrefois. Les dictionnaires eux-mêmes sont illustrés de jolies vignettes. Voilà pourquoi je souhaiterais avant tout qu'on dotât les écoles de livres et de cahiers. Un écolier peut aller en classe sans souliers, peut-il y aller sans livres ? Et puis est-ce un si grand mal de marcher pieds nus ?

Si la classe est attrayante, si le matériel scolaire est complet, si les cahiers et les livres ne manquent point, et si, à cause de tout cela, l'élève est bien disposé, quelle influence ce milieu n'exerce-t-il pas sur l'instituteur lui-même ? Son activité et son goût sont éveillés, aiguillonnés, alimentés par ce bien-être matériel qui l'enveloppe et par la satisfaction morale qui en découle. Son enseignement sera moins rigide et sa discipline moins rogue.

Quand rien ne fait défaut dans l'école, quand tout y est à sa place, l'élève et le maître sont comme baignés dans une atmosphère d'ordre, de régularité et d'harmonie qui les prédispose, l'un à mieux enseigner, l'autre à mieux apprendre. C'est, vous le voyez, une méthode suggestive.

Dans ces conditions, je crois qu'il y a utilité à établir aujourd'hui le bilan de ce que nous avons acquis et de ce qui reste à acquérir, à faire le dénombrement des écoles qui ont reçu tout à souhait, de celles qui n'ont que le strict nécessaire, de celles enfin qui sont en souffrance. Des statistiques dressées avec soin, grâce aux renseignements puisés à la source même, vous permettront de mesurer exactement la situation matérielle de l'instruction primaire dans la colonie.

Les statistiques, je le reconnais d'abord, sont en général brutales dans leur nudité. Elles établissent une situation, sans tenir compte des efforts, des sacrifices et des difficultés. Evidemment les communes, selon les ressources de leur budget, ont fait plus ou moins, mais toutes, j'en suis certain, ont fait pour le mieux. Le sacrifice se mesure, non aux sommes allouées pour faire face aux besoins scolaires, mais aux revenus sur lesquels ces sommes sont prélevées. Il en résulte que si les écoles, dans quelques bourgs pauvres, ont à souhaiter un local plus confortable, un matériel scolaire et un mobilier plus complets, il n'y a peut-être pas lieu d'en faire remonter la responsabilité à la municipalité, avant d'avoir considéré les efforts qu'elle a faits et le budget dont elle dispose.

Les documents que nous avons recueillis nous ont permis de déterminer l'état réel des locaux scolaires, de leurs annexes, du mobilier et du matériel.

Maisons d'école. — Parmi les 76 maisons affectées aux écoles :
16 sont en bon état,
37 en état médiocre,
23 en mauvais état.

Les salles de classe qui les composent sont au nombre de 217. On en compte 155 convenablement aérées et suffisamment spacieuses, et 62 dans lesquelles les maîtres et les élèves sont à l'étroit, manquant d'air et de lumière. Ce sont moins des classes que des couloirs longs et étroits, ou des réduits bas et étouffés.

Si les emplacements occupés par les écoles sont en général bien choisis, il y en a 11 qui laissent à désirer et 5 qui sont inacceptables.

Trente-neuf écoles seulement sont enfermées dans un terrain clos ; 24 d'entre elles sont gênées par le voisinage de cimetières, de dépôts d'immondices, de mares, de canaux malsains, de distilleries, de cabarets, de marchés bruyants, de ruelles mal hantées. La plupart n'ont pas de préaux couverts pour garantir les enfants contre la pluie ou le soleil ; nous n'en trouvons en effet que dans 5 écoles de garçons et dans 8 de filles.

Les cours de récréations, si utiles, si nécessaires même, ne remplissent pas, quand elles existent, les conditions voulues. Dans 30 écoles, elles sont à peu près suffisantes ; dans 29, elles sont trop étroites et ouvertes ; enfin 16 écoles en sont dépourvues, de sorte que les exercices gymnastiques et les récréations ont lieu dans la rue.

On ne trouve de water-closets convenables que dans 5 écoles ; [22 écoles de garçons et 23 écoles de filles en sont privées. Les bonnes mœurs ne peuvent qu'avoir à souffrir de cet état de choses.

MOBILIER SCOLAIRE. — La composition détaillée du mobilier scolaire a été réglée par une instruction en date du 3 novembre 1885. Ce mobilier, pourtant fort restreint, n'est complet que dans 5 écoles de garçons et dans 5 écoles de filles.

Les bancs-tables, au nombre de 1,418, peuvent contenir 7,724 élèves. Or, les écoles publiques en ont reçu 8,718. Songez que 1,000 écoliers n'avaient pas la place réglementaire !

MATÉRIEL SCOLAIRE. — Quant au matériel scolaire, prescrit par la même instruction de novembre 1885, il semble en général être considéré comme inutile ou superflu. Les bouliers, les cartes de géographie, les globes terrestres, les tableaux, etc., sont inconnus dans un grand nombre d'écoles. Croirait-on que 5 écoles seulement possèdent ce matériel au complet? Dans les autres, à quelques exceptions près, tout manque, ou peu s'en faut.

MOBILIER PERSONNEL DE L'INSTITUTEUR. — L'arrêté du 9 décembre 1885 donne la liste des objets dont le mobilier des instituteurs doit être composé. Or il arrive que cette liste n'est pas même consultée. En effet, 15 instituteurs et 14 institutrices seulement ont reçu le mobilier complet. Parmi les mobiliers existants, complets ou incomplets, 37 sont en bon état, 70 en état médiocre, 79 en mauvais état. J'ajoute que beaucoup de fonctionnaires n'ont pu obtenir des filtres à charbon et à sable. Or l'eau, à certaines époques de l'année, conservée trop longtemps dans des jarres, contaminée par des microbes de toute sorte, cesse d'être potable. De là peuvent naître des germes de fièvres dangereuses.

J'ajoute enfin que si l'entretien du mobilier est confié aux instituteurs, les dégradations causées par l'usure et par les accidents sont laissées à la charge des communes. Or souvent les réparations ne sont pas faites en temps utile. Il résulte de cette négligence des conflits entre les instituteurs et les municipalités, à propos de la responsabilité des dégâts, au moment des mutations des fonctionnaires.

Logement des instituteurs. — Un grand nombre de fonctionnaires de l'enseignement n'ont pas, pour leur logement personnel, le nombre de pièces que leur attribue le règlement. Ces pièces sont souvent mal distribuées et mal aménagées.

Voici, d'après mes renseignements, l'état général des logements affectés aux instituteurs et aux institutrices de la Martinique :

Sur 74 directeurs et directrices :
    40 sont bien logés,
    21 d'une manière passable,
     9 le sont mal,
     3 reçoivent une indemnité,
     1 se loge à ses frais.

Sur 140 adjoints et adjointes :
    21 sont convenablement logés,
    54 passablement,
    27 mal,
    31 sont indemnisés,
     7 ne sont ni logés ni indemnisés.

Je souhaiterais que chaque école eût un petit jardinet pour l'instituteur : *Un jardin clos d'une étendue minima de 300 mètres sera annexé à toutes les écoles.* Ainsi s'exprime le Ministre dans son arrêté du 17 juin 1880. Or, 16 écoles de la Martinique ont seules des jardins clos. Il est regrettable que les décisions ministérielles restent souvent ici lettre morte.

Musées scolaires et bibliothèques des écoles. — Quelques intituteurs ont essayé de créer des musées scolaires et de réunir des collections scientifiques. La conservation de ces musées offre, il faut le reconnaître, de grandes difficultés. En dehors des musées dus à l'initiative des maîtres, il serait bon que chaque école possédât des *boîtes de leçons de choses* pour les petits enfants et le *musée Dorangeon* pour les écoliers plus âgés. La dépense, que les communes auraient à s'imposer pour cette acquisition utile, serait fort minime.

C'est surtout pour la fondation et l'entretien des bibliothèques scolaires que les municipalités devraient voter un crédit régulier dans leur budget annuel. Si l'instruction est si lente à venir dans les campagnes, c'est uniquement parce que les enfants ne peuvent se procurer des livres de lecture pour s'exercer à penser et à écrire.

BIBLIOTHÈQUES POPULAIRES DES ÉCOLES A LA MARTINIQUE.

COMMUNES.	DATE de la fondation.	NOMBRE de volumes	NOMBRE de prêts pendant l'année.	SOMMES dépensées pendant l'année.	SOMMES dépensées anté-rieurement.	OBSERVATIONS.
Grand'Rivière .	12 juillet 1886.	74	5	"	30 00	
Gros-Morne...	mars 1886.	125	824	"	"	Les livres pro-viennent de dons des élèves.
François......	16 mars 1887.	230	1,023	"	800 00	
Lamentin.....	17 juin 1886..	436	2,568	1,125 00	1,672 17	
Saint-Esprit...	sept. 1884.	207	774	"	448 75	
Totaux.....	....	1,132	5,194	1.125 00	2,950 92	

Cours d'adultes. — Ces cours qui n'ont été ouverts qu'à Saint-Pierre, au Morne-Rouge et au Lamentin, devraient être organisés dans tous les centres importants de la colonie. C'est là qu'au sortir de l'école, les enfants ayant dépassé l'âge scolaire continueraient à s'instruire après le travail de la journée.

Le tableau suivant présente la situation des cours ouverts:

COMMUNES.	NOMBRE de mois pendant lesquels les cours ont été faits.	MOYENNE des auditeurs par jour.	NOMBRE de maîtres.	ALLOCA-TIONS.	OBSERVATIONS.
Lamentin.....	10	22	1	600 00	
Saint-Pierre...	9	57	3	1,500 00	500 francs par maître.
Morne-Rouge..	9	25	1	600 00	500 francs pour le maître et 100 fr. pour l'éclairage.

Caisse des écoles. — La caisse des écoles est créée; les membres du comité central sont nommés par décision en date du 18 octobre 1887 et conformément au décret du 12 septembre 1887. Elle sera définitivement organisée et fonctionnera aussitôt que les membres des comités locaux seront choisis et nommés.

Population scolaire des écoles publiques; maîtres et élèves. — Il y avait au 31 juillet 1888, dans la colonie, 74 écoles publiques, *toutes laïques*, comprenant 210 classes dirigées par 214 maîtres ou maîtresses.

ANNÉE SCOLAIRE.	ÉCOLES PUBLIQUES de			NOMBRE DES CLASSES de			PERSONNEL ENSEIGNANT.						OBSERVATIONS.
							HOMMES.			FEMMES.			
	Garçons.	Filles.	Total.	Garçons.	Filles.	Total.	Directeurs.	Adjoints.	Total.	Directrices.	Adjointes.	Total.	
1887-88.	38	36	74	116	94	210	38	75	113	36	65 (1)	101	(1) Y compris six femmes d'instituteurs adjointes dans les écoles de garçons.

Écoles privées. — A la même date, la Martinique comptait 62 écoles privées, soit laïques, soit congréganistes. Si le nombre des écoles primaires privées tend à diminuer, celui des écoles maternelles tend au contraire à augmenter. Cela s'explique par le grand nombre de subventions que la colonie accorde aux salles d'asile. Cette dépense serait amplement justifiée si sur 25 maîtresses recevant une subvention, on n'en comptait pas 20 sans brevet. Et, à ce propos, M. l'inspecteur, dans son rapport, s'exprime ainsi: « En outre, il a été constaté que ces petites « écoles sont le plus souvent mal installées dans des salles trop exiguës, « où les tout jeunes enfants sont enfermés de longues heures, exercés « seulement à des épellations fastidieuses, à des récitations monotones « de leçons incomprises parce qu'elles sont au-dessus de leur portée. »
    Combien est regrettable d'avoir abandonné l'idée d'annexer au pensionnat colonial une école maternelle qui aurait servi de type et de modèle !

NOMBRE ET NATURE DES ÉCOLES PRIVÉES.

ANNÉE SCOLAIRE.	ÉCOLES MATERNELLES.			ÉCOLES PRIVÉES SANS INTERNAT						ÉCOLES RECEVANT DES PENSIONNAIRES						TOTAL GÉNÉRAL des écoles privées.
				DE GARÇONS.			DE FILLES.			DE GARÇONS.			DE FILLES.			
	Laïques.	Congréganistes.	Total.	Laïques.	Congréganistes.	Total.	Laïques.	Congréganistes.	Total.	Laïques.	Congréganistes.	Total.	Laïques.	Congréganistes.	Total.	
1887-38.	45	»	45	1	1	2	1	1	2	1	1	2	7	4	11	62

PERSONNEL DES ÉCOLES PRIVÉES.

| HOMMES. | | | | | | FEMMES. | | | | | | TOTAL GÉNÉRAL. |
| DIRECTEURS. | | | ADJOINTS. | | | DIRECTRICES. | | | ADJOINTES. | | | |
Laïques.	Congréganistes.	Total.	Laïques.	Congréganistes.	Total.	Laïques.	Congréganistes.	Total.	Laïques.	Congréganistes.	Total.	
2	,	2	,	,	,	54	6	60	29	25	54	116

Écoles clandestines. — Les établissements où l'instruction se donne sans contrôle, à notre insu, constituent un grave danger moral et sont un défi jeté à la société et à la loi. Il devient urgent d'user de sévérité et d'exercer des poursuites judiciaires contre les délinquants.

Fréquentation scolaire. — L'épidémie de variole qui a sévi sur la colonie entière a arrêté ou diminué, dans certains bourgs, la fréquentation scolaire. Le mal a atteint 478 élèves et 8 maîtres ou maîtresses, 13 élèves et 2 maîtresses ont été victimes du fléau.

Cependant les écoles publiques ont reçu cette année :

5,153 garçons et 3,565 filles, en tout 8,718 élèves.

Ce total n'accuse qu'une faible infériorité numérique sur la population scolaire en 1887. La diminution n'est que de 32 élèves.

Les écoles privées ont été suivies par 130 garçons,

804 filles.
—————
934

Là aussi, la diminution sur 1837 est presque insensible.

Les écoles maternelles ont été fréquentées par 1,117 enfants se décomposant en 441 petits garçons et 676 fillettes.

Ce qu'il y a intérêt à remarquer surtout, c'est l'indifférence d'un grand nombre de familles pour l'instruction. D'après le dénombrement officiel de la population enfantine à la Martinique, en 1886, une statistique exacte nous a permis d'évaluer à 29,522 le nombre des enfants d'âge scolaire. Or, sur ce nombre, nous relevons 21,022 enfants ne fréquentant aucune école. S'il s'agissait de promulguer la loi concernant l'instruction obligatoire, quels immenses sacrifices la colonie et les communes ne devraient-elles pas encore s'imposer pour offrir des locaux et des maîtres à un si grand nombre d'enfants !

TABLEAU DE LA FRÉQUENTATION SCOLAIRE EN 1887-88.

NATURE DES ÉCOLES.		ENFANTS DE			TOTAL.	OBSERVATIONS.
		MOINS de 6 ans.	6 à 13 ans révolus.	PLUS de 13 ans révolus.		
Écoles publiques.	Garçons.	(1) 171	3,806	1,176	6,153	(1) Enfants de 5 à 6 ans.
	Filles...	(2) 130	2,784	645	3,565	(2) *Idem.*
Écoles privées. Laïques.	Garçons.	25	82	,	107	6 internes.
	Filles...	51	185	74	310	44 internes.
Congré-ganistes.	Garçons.	,	23	,	23	1 interne.
	Filles...	55	307	132	494	258 internes.
Salles d'asile.	Garçons.	360	81	,	441	
	Filles...	462	214	,	676	
		1,260	7,482	2,027	10,769	

Titres de capacité du personnel enseignant. — Tous les instituteurs et toutes les institutrices, sans exception, en exercice dans les écoles publiques de la Martinique, sont pourvus aujourd'hui du brevet de capacité.

Au contraire, dans l'enseignement privé, on compte 88 maîtres ou maîtresses sans aucun titre universitaire; et, sur ce nombre, il y a 86 maîtresses.

QUALITÉ DES MAÎTRES.		NOMBRE des maîtres.	MAÎTRES pourvus du brevet		POURVUS du certificat d'aptitude pédagogique.	MAÎTRES non brevetés	OBSERVATIONS.
			élémentaire.	supérieur.			
Écoles publiques.	Directeurs..	58	50	8	4	,	Cet adjoint non breveté a été licencié.
	Adjoints....	75	69	5	1	1	(1) Six adjointes sont employées dans les écoles de garçons.
	Directrices..	56	55	1	,	,	
	Adjointes...	(1) 65	59	6	,	,	
Écoles privées laïques.	Directeurs..	1	,	,	,	1	
	Adjoints....	,	,	,	,	,	(2) Une école a deux directrices autorisées.
	Directrices..	(2) 11	5	4	,	2	
	Adjointes...	17	1	5	,	10	
Écoles privées congréganistes.	Directrices..	6	2	,	,	4	
	Adjointes...	25	2	1	,	22	
Écoles maternelles.	Directeurs..	1	,	,	,	1	
	Directrices..	43	6	,	,	37	
	Adjointes...	12	1	,	,	11	
Totaux........		550	243	28	5	89	

Je dois rendre justice au personnel de l'enseignement primaire dont les membres se sont acquittés de leurs fonctions délicates et difficiles avec un zèle qui ne s'est point démenti un instant. Je souhaite vivement de pouvoir vous proposer en leur faveur des promotions de classes, si toutefois le conseil général veut bien maintenir au budget le crédit de 2,000 francs que j'y ai inscrit, tout insuffisant qu'il est.

Niveau des études. — Le niveau des études s'est sensiblement élevé. Les progrès incontestables nous ont enfin permis de nous montrer plus sévères aux examens du certificat d'études primaires et d'exiger des candidats les connaissances qu'on impose dans la métropole. Cette sévérité salutaire que nous avons déployée dans l'intérêt des études, aiguillonnera, j'en suis certain, l'ardeur des maîtres et des élèves. Sur 364 candidats au certificat d'études, 86 ont subi leurs examens avec succès.

Le concours général dont l'essai a été tenté entre les écoles primaires de la Martinique nous a permis de constater qu'il y a, dans cette jeune population scolaire, des sujets d'élite dignes de l'attention et des faveurs de la colonie et du gouvernement.

ENSEIGNEMENT SECONDAIRE.

Lycée

Dans son rapport de fin d'année, M. Dupont, signalant avec précision la diminution de l'effectif scolaire et la désertion des élèves, en faisait remonter la cause aux mesures financières qui furent prises, en 1887, pour régulariser le mode de payement et éviter les créances arriérées ou irrécouvrables.

En effet, les versements s'étaient opérés jusque-là par mois et à terme échu. L'innovation consista à exiger les versements par anticipations mensuelles. Si on perdit quelques élèves, on gagna d'autre part des avantages sérieux au point de vue des intérêts financiers de la colonie. Cependant la mesure ne fut pas suffisante pour obvier à un inconvénient grave qui compromettait la continuité et la solidité des études. Car les familles, s'acquittant par mois, cherchaient à se soustraire au payement des fractions de mois en retardant la rentrée des enfants ou en avançant leur sortie. De cette façon elles n'avaient à acquitter que des mois pleins. « Les versements trimestriels et d'avance, ajoutait M. Dupont, per- « mettraient de remédier à cet abus des solutions de continuité dans le « cours des études; mais ne serait-ce pas là un remède héroïque ? Et si « l'exigibilité d'un mois d'avance a déjà déterminé le départ de 40 élèves, « l'année dernière, l'anticipation d'un trimestre, que ne peut-elle pro- « duire ? »

Eh bien! ce remède héroïque nous l'avons employé, avec quelques tempéraments cependant. Les rétributions scolaires sont désormais exigibles par trimestre, avec cette clause bienveillante que les versements sont autorisés par mois et d'avance.

Cette mesure a évidemment entraîné des défections; mais nous ne regrettons pas de l'avoir provoquée, parce qu'elle est destinée à porter, à bref délai, d'excellents fruits. Les élèves seront exacts à la rentrée des classes et ne sortiront que le dernier jour de l'année classique, après avoir étudié, dans son entier, le programme exigé.

Le travail des élèves a été constant; la discipline générale n'a jamais faibli. Cependant les succès obtenus par les candidats au baccalauréat ès lettres ont été relativement moins marqués que l'année précédente. Ce résultat n'accuse pas une infériorité de niveau dans les études, mais plutôt des défaillances inattendues dans le cours des examens. Il y a donc à faire la part de l'aléa. A mon avis pourtant, certains candidats comptent trop sur leur intelligence et leur facilité naturelles; ils négligent de combler les lacunes de leur instruction, malgré les prédictions répétées des professeurs, et ils se présentent témérairement aux examens, confiants dans la chance qui néglige souvent de les servir. Quant aux candidats au baccalauréat ès sciences, au baccalauréat de l'enseignement spécial et aux divers brevets de l'enseignement primaire, ils ont eu autant de succès que les années précédentes.

EXAMENS.	CANDIDATS, EN 1887,		CANDIDATS, EN 1888,	
	PRÉSENTÉS.	REÇUS.	PRÉSENTÉS.	REÇUS.
Baccalauréat ès lettres (1re partie)............	9	7	12	5
Idem (2e partie)......	10	9	8	3
Baccalauréat ès sciences......................	6	1	4	1
Baccalauréat de l'enseignement spécial........	3	1	2	2
Brevet supérieur.......................	4	1	4	2
Brevet élémentaire........................	7	6	5	2

Permettez-moi d'adresser ici, Monsieur le Gouverneur, au personnel du lycée les plus sincères éloges et les plus mérités. Confiants dans la justice et dans l'avenir, ils ne m'ont marchandé ni leur temps ni leur peine.

La situation, si intéressante, des maîtres répétiteurs a été régularisée, leur avancement par classes établi. Les traitements qu'ils reçoivent sont égaux ou supérieurs à ceux qui sont alloués aux plus favorisés de leurs collègues de la métropole. Je voudrais faire mieux et assurer les progrès et la carrière de ces jeunes gens en leur ménageant des cours préparatoires à la licence. C'est dans ce but que j'ai inscrit une minime allocation au budget de 1889.

Au point de vue du matériel, le lycée laisse à désirer. Le laboratoire de chimie est pauvre et mal aménagé; il serait insuffisant pour les manipulations réglementaires. L'infirmerie est mal installée et nous cause de graves appréhensions, dans le cas où une épidémie éclaterait. La piscine, où les élèves se baignent, comme ils peuvent, n'a pas les dimensions nécessaires; le lycée n'a pas de hangar pour la gymnastique, et les agrès restent sans utilité.

Le régime alimentaire a été modifié d'après les tarifs adoptés dans la métropole. L'application de ce tarif, contrôlée de près, a donné des résultats immédiats. Le personnel des domestiques a été épuré et diminué. La situation budgétaire du lycée au 1ᵉʳ octobre 1888 est bonne et nous laisse entrevoir un excédent sur les crédits à la clôture de l'exercice.

Il y a cependant une modification importante à adopter. Il s'agit de donner plus d'unité et de cohésion à la marche du service de l'économat du lycée et d'accorder au proviseur l'initiative et l'autorité que les chefs d'établissements secondaires exercent en France. Le proviseur doit être administrateur et ordonnateur. C'est donc une partie de ses droits que le Directeur de l'intérieur devrait abandonner au proviseur ; et cette décision s'impose à lui d'autant plus, qu'éloigné du lycée, il ne peut contrôler d'une manière effective et efficace un service aussi compliqué, sur lequel l'œil du maître doit être continuellement ouvert. C'est donc l'autonomie financière du lycée de Saint-Pierre qu'il serait nécessaire de décider, dans des conditions identiques à celles qu'a adoptées la Guadeloupe. Notre lycée y gagnera plus d'ordre et de régularité dans le service, plus de surveillance dans les finances, plus d'homogénéité dans la direction.

EXTERNAT COLONIAL.

Le petit lycée, dont l'existence précaire est mise chaque année en discussion, est cependant un des établissements d'instruction les plus utiles de la colonie. On doit non seulement en souhaiter le maintien, mais encore s'efforcer de le consolider et de lui assurer la sécurité du lendemain.

C'est pour les jeunes enfants qui se destinent aux études libérales que cet établissement a été créé à Fort-de-France. Le sentiment de crainte qui s'empare des familles lorsqu'il s'agit de se séparer de tout jeunes enfants pour les envoyer en pension, dans un lycée éloigné, est trop naturel et trop respectable pour qu'on n'ait pas songé à ouvrir ici le lycée des petits. Quand les écoliers ont grandi, qu'ils se sont aguerris, qu'ils se sont pliés à la discipline et qu'ils ont moins besoin de la sollicitude maternelle et de la présence du père de famille, le lycée de Saint-Pierre est là pour les recevoir.

En attendant, ils trouvent au petit lycée, à leurs débuts, pour guider leurs premiers efforts, plus de douceur, plus de patience et une bienveillance sans limites. Dans ces conditions il faut que le petit lycée soit maintenu, affermi et développé.

La subvention qui lui est allouée sera bientôt couverte par les rétributions scolaires. Nous comptions à la fin de la dernière année classique, 56 élèves. Dans quelles conditions, vous le savez. Combien ne serions-nous pas en droit d'en espérer, si cet établissement était certain de l'avenir, s'il pouvait compter sur le bienveillant concours de tous et donner un libre essor à son développement.

Afin d'atteindre ce but, que faut-il ? Il faut que les familles ajoutent foi à la durée du petit lycée, que les classes, échelonnées selon les règlements et les programmes, aient chacune un professeur spécial, qu'un local suffisant lui soit définitivement assigné.

Il faut enfin que la ville de Fort-de-France en particulier lui accorde son appui et ses secours. Je suis certain, du reste, que la municipalité, malgré les charges qui pèsent sur elle, n'hésiterait pas à consacrer un crédit annuel au payement de quelques bourses accordées, après examen, aux petits enfants les plus intelligents et les plus laborieux de l'école primaire.

Quant à moi, j'ai déjà essayé de donner, en me maintenant dans la limite des crédits, plus de valeur réelle et plus d'autorité morale au personnel, en n'acceptant que des bacheliers pour les postes de maîtres répétiteurs. C'est en effet une question de première importance que celle des maîtres répétiteurs chargés de veiller à la confection des devoirs des écoliers après la classe, et de venir en aide, pendant les études, à leurs longs tâtonnements.

Je suis persuadé que le conseil général, auquel j'ai demandé, en faveur du petit lycée, une légère augmentation de crédit pour l'exercice de 1889, me permettra de compléter, d'améliorer encore, et d'arriver, je l'espère, à un succès incontestable.

PENSIONNAT COLONIAL.

Je ne dois pas vous dissimuler que j'ai accordé toute ma sollicitude à cet établissement depuis mon arrivée dans la colonie. On le disait menacé dans son existence. Des reproches graves étaient lancés contre lui, quelques-uns justifiés. Je me suis mis à l'œuvre. Des modifications radicales ont été apportées au tarif du régime alimentaire; les prestations en nature ont été régularisées; certains abus ont été supprimés; enfin un contrôle minutieux a été exercé sur les détails de l'administration, de la gestion et de l'enseignement.

Je me plais à reconnaître que chacun s'est plié sans hésiter à ce nouveau régime de sévérité. J'ai trouvé dans Mlle Girardet, directrice par intérim, un auxiliaire précieux, grâce à l'estime méritée dont elle jouissait au pensionnat et dans la colonie. Je puis dire à la louange de cette maîtresse, sans vouloir déprécier en rien le mérite indiscutable des directrices précédentes, que jamais année n'a été plus calme, plus régulière et n'a donné des résultats plus concluants.

EXAMENS SUBIS PENDANT LES DEUX ANNÉES SCOLAIRES
1886-1887 ET 1887-1888.

ANNÉE 1887.			ANNÉE 1888.			OBSERVATIONS.
Brevet supérieur.	Brevet élémentaire.	Certificats d'études primaires	Brevet supérieur.	Brevet élémentaire.	Certificats d'études primaires.	
2	11	21	4	12	16	Sur 39 certificats d'études délivrés dans la colonie entière, le pensionnat en a obtenu 16 pour sa part.

Ces résultats auraient été certes plus brillants si le pensionnat n'avait été privé brusquement du concours des professeurs du lycée. Je suis certain que le nouveau budget me permettra de faire appel au dévouement des professeurs d'anglais, de physique et de chimie, en leur offrant une allocation suffisante pour indemniser leurs services.

Le nombre des élèves n'a pas augmenté, à la rentrée des classes de l'année 1888-1889. L'effectif se maintient à peu près au même niveau. Cependant il accuse au 15 novembre une légère différence sur l'effectif de 1887-1888, à la même époque. Cette différence ne provient que de la diminution du nombre des boursières.

CATÉGORIE DES ÉLÈVES.	ÉLÈVES PRÉSENTES EN NOVEMBRE 1887.	ÉLÈVES PRÉSENTES EN NOVEMBRE 1888.
Boursières à bourse entière................	16 École normale. 20 Pensionnat colonial..	16 École normale. 19 Pensionnat colonial.
Boursières à demi-bourse..................	14	6
Boursières externes libres.................	22	19
Pensionnaires libres......................	13	10
Demi-pensionnaires.......................	3	2
Externes libres	63	67
Total..................	151	139

Je n'ai pas voulu inscrire au projet de budget de 1889 un crédit plus élevé que celui de l'année courante, et je me suis contenté du personnel en exercice, bien qu'il fût à peine suffisant pour faire face aux besoins de l'économat et à ceux de la surveillance des études.

L'économe est seule pour tenir ses registres de comptabilité, pour diriger la lingerie, la dépense et la cuisine, pour contrôler la besogne des domestiques et veiller sur le matériel. Elle ne peut suffire à tout. De plus, si elle venait à manquer, le pensionnat, n'ayant immédiatement personne capable de la remplacer, se trouverait dans un singulier embarras.

Quant aux maîtresses répétitrices, elles n'ont pas eu jusqu'ici leur liberté réglementaire. Ce n'est que par des expédients, souvent vexatoires pour les maîtresses de classes, qu'on parvient à les décharger d'un service pénible et continu. Je prévois que nous serons bientôt acculés à la nécessité de nommer une aide-économe et une maîtresse répétitrice suppléante.

La situation des crédits, à la fin de l'année scolaire (1ᵉʳ août 1888), était prospère. Un boni important était déjà réalisé à cette date. Nous sommes persuadés qu'en fin d'exercice, le pensionnat restera bien en deçà de la limite des crédits que la colonie lui a ouverts.

ENSEIGNEMENT SUPÉRIEUR.

L'école de droit, née presque d'hier, compte déjà des succès éclatants qui font honneur non seulement aux professeurs distingués auxquels cet enseignement est confié, mais aux jeunes gens de la Martinique qui ont prouvé qu'on peut, hors de la métropole, aborder des études supérieures, conquérir des grades, arriver aux succès et enlever même les éloges des professeurs des facultés de France.

Aucun des étudiants inscrits à notre école n'a subi d'échec dans les examens d'équivalence pour l'obtention du diplôme de licencié. Les bulletins de notes de MM. Zébeu, Levana et Holozet sont bons ; celui de M. Lacoste est excellent. Le jeune Husson en particulier, qui avait puisé dans sa famille, à une source autorisée, les premières notions du droit, a obtenu un succès brillant qui rejaillit autant sur notre jeune école que sur la colonie tout entière.

Le tableau synoptique dressé ci-dessous vous donnera le nombre des étudiants inscrits pendant l'année scolaire, avec leurs provenances, les examens subis, les grades acquis et les notes méritées. Les recettes réalisées y sont également portées :

ANNÉE SCOLAIRE 1887-88.

PROVE-NANCES.	NOM-BRE D'ÉTU-DIANTS.	INS-CRIP-TIONS.	EXAMENS SUBIS.					RE-CETTES RÉALISÉES.	OBSERVATIONS.
			Baccalauréat, 1re année.	Baccalauréat, 2e année.	Licence.	Capacité, 1re année.	Capacité, 2e année		
Martinique..	30	87	5	4	8	1	2	4,927f 50	Un étudiant, ancien secrétaire de l'école, a obtenu la remise de ses droits.
Guadeloupe.	9	0	,	,	,	,	,	,	La quarantaine ayant empêché les étudiants de la Guadeloupe et de la Guyane de subir leurs examens, il en résulte pour la colonie une perte de 1,460 fr. constituant les droits de ces examens.
Guyane....	2	2	,	,	,	,	,	,	

L'éloge du directeur et des professeurs de notre école supérieure n'est plus à faire. Les résultats obtenus sont assez éloquents. Ce n'est pas seulement à l'intelligence et au travail des étudiants qu'ils sont dus, mais à la haute compétence, au dévouement et au zèle de chaque professeur.

Une seule chose nous manque encore, ce sont les livres. A nos jeunes gens si avides de science et si désireux de réussir, les leçons orales ne suffisent pas; car ils doivent préparer leurs cours, commenter les auteurs, s'accoutumer aux recherches et retrouver longuement développées dans les ouvrages des jurisconsultes les notions résumées par leurs professeurs dans les conférences journalières. C'est dire qu'une bibliothèque est indispensable à l'école de droit. Elle existe, mais de nom seulement; et les quelques ouvrages vieillots qui la composent sont dans un tel état de délabrement qu'il serait urgent, soit de les remplacer, soit tout au moins de les faire remettre en état.

Il faut ajouter que des dépenses sont nécessaires tous les ans pour l'achat de livres nouveaux et pour quelques abonnements à des publications périodiques. Une petite allocation de deux ou trois cents francs par an ne s'imposerait-elle pas? Elle serait à mon avis justifiée, puisque chaque étudiant paye des droits de bibliothèque par trimestre.

Il me suffira de vous avoir exprimé ce vœu légitime pour qu'il y soit fait droit, j'en suis sûr, dans la mesure du possible.

J'ai l'honneur d'être, avec respect, Monsieur le Gouverneur,
Votre serviteur très obéissant et très dévoué.

Le Vice-Recteur,
L. GARAUD.

www.ingramcontent.com/pod-product-compliance
Lightning Source LLC
LaVergne TN
LVHW050252030726
842520LV00006B/2332